BEI GRIN MACHT SICH IHR WISSEN BEZAHLT

- Wir veröffentlichen Ihre Hausarbeit,
  Bachelor- und Masterarbeit

- Ihr eigenes eBook und Buch -
  weltweit in allen wichtigen Shops

- Verdienen Sie an jedem Verkauf

Jetzt bei www.GRIN.com hochladen und kostenlos publizieren

Mendina Morgenthal

Wer nicht hören will, muss fühlen! Sanktionen nach SGB II

Maßnahme zur Prävention von Missbrauch oder Disziplinierung der Leistungsempfänger?

GRIN Verlag

Bibliografische Information der Deutschen Nationalbibliothek:

Die Deutsche Bibliothek verzeichnet diese Publikation in der Deutschen National-
bibliografie; detaillierte bibliografische Daten sind im Internet über http://dnb.d-
nb.de/ abrufbar.

Impressum:

Copyright © 2013 GRIN Verlag GmbH
Druck und Bindung: Books on Demand GmbH, Norderstedt Germany
ISBN: 978-3-656-60342-9

Dieses Buch bei GRIN:

http://www.grin.com/de/e-book/269278/wer-nicht-hoeren-will-muss-fuehlen-sank-
tionen-nach-sgb-ii

GRIN - Your knowledge has value

Der GRIN Verlag publiziert seit 1998 wissenschaftliche Arbeiten von Studenten, Hochschullehrern und anderen Akademikern als eBook und gedrucktes Buch. Die Verlagswebsite www.grin.com ist die ideale Plattform zur Veröffentlichung von Hausarbeiten, Abschlussarbeiten, wissenschaftlichen Aufsätzen, Dissertationen und Fachbüchern.

Besuchen Sie uns im Internet:

http://www.grin.com/

http://www.facebook.com/grincom

http://www.twitter.com/grin_com

Wer nicht hören will, muss fühlen

Sanktionen nach SGB II

Maßnahme zur Prävention von Missbrauch oder Disziplinierung der Leistungsempfänger?

Reflektion zum Referat „System sozialer Sicherung- Sozialhilfe und Grundsicherung"

Mendina Sabrina Morgenthal

Mit der Einführung der sogenannten „Hartz – Reform" im Jahr 2005 wurde ein steuerfinanziertes Fürsorgesystem geschaffen. Ziel dieser Reform ist es, den Leistungsberechtigten ein Leben, welches der Würde des Menschen entspricht (SGB II, § 1), zu ermöglichen. Hierbei wird auf den ersten Artikel des Grundgesetzes (*„Die Würde des Menschen ist unantastbar. Sie zu achten und zu schützen ist Verpflichtung aller staatlichen Gewalt."*) Bezug genommen.

Die Reglungen zur Grundsicherung für Arbeitssuchende sind im Sozialgesetzbuch zweites Buch (SGB II) verordnet. Nicht jeder Bürger[1] in der Bundesrepublik Deutschland (BRD) hat einen Anspruch auf Arbeitslosengeld II bzw. auf Grundsicherung für Arbeitssuchende (umgangssprachlich oft vereinfacht „Hartz IV" genannt). Wer also als Leistungsberechtigt gilt, ist im SGB II festgelegt:

1. Personen zwischen 15 und 65 Jahren
2. *Erwerbsfähige* Personen
3. *Hilfebedürftige* Personen
4. Personen mit gewöhnlichem Aufenthaltsort in der Bundes Republik Deutschland
5. Personen, die mit einem Leistungsberechtigten in einer Bedarfsgemeinschaft leben.
   (vgl. Sozialgesetzbuch zweites Buch § 7)

Erwerbsfähig ist nach Sozialgesetzbuch zweites Buch § 8 jeder, der mindestens drei Stunden täglich arbeiten kann. Hilfebedürftigkeit liegt nach SGB II § 9 nun nicht ausschließlich bei Erwerbslosigkeit vor, sondern auch dann, wenn die Person ihren Lebensunterhalt nicht aus Einkommen oder Vermögen sichern kann und auch weder Verwandte, noch Freunde u. ä. hat, welche jenen sichern können.

Das Prinzip des *Forderns und Förderns* steht dabei an zentraler Stelle. Denn die Grundsicherung für Arbeitssuchende soll den Leistungsberechtigten zwar dabei helfen, den Lebensunterhalt zu sichern und die Hilfebedürftigkeit zu verringern bzw. zu beenden (*Fördern*), jedoch ist der leistungsberechtigte Hilfeempfänger dazu angehalten, alle Möglichkeiten der Verringerung oder Beendigung seiner Hilfebedürftigkeit zu nutzen (SGB II, § 2), welches dem Grundsatz des Forderns entspricht.

So ist der Leistungsempfänger also an seine Mitwirkungspflicht gebunden. Im Rahmen einer Eingliederungsvereinbarung, welche der Leistungsempfänger mit dem jeweiligen Jobcenter trifft, werden die Pflichten und die zu erbringenden Leistungen, sowohl des Leistungsempfängers, als auch der Bundesagentur für Arbeit festgelegt (SGB II § 15). Der erwerbsfähige Leistungsempfänger ist dabei angehalten, zu kooperieren und Eigenbemühung zu zeigen.

„Vorrang vor der Geldleistung hat die Eingliederung in Arbeit" (BÄCKER 2010, S. 346). Bei dem Konzept der „Hartz – Reform" geht es also vielmehr darum, den Wiedereinstieg in den

---

[1] Aus Gründen der leichteren Lesbarkeit wird auf eine geschlechtsspezifische Differenzierung, wie z.B. Teilnehmer/Innen, verzichtet. Entsprechende Begriffe gelten im Sinne der Gleichbehandlung für beide Geschlechter.

Mendina Morgenthal

Arbeitsmarkt von Langzeitarbeitslosen zu ermöglichen und die Bedingungen für den selbigen zu verbessern. Dabei spielt die Zumutbarkeit von Arbeit eine wichtige Rolle. Jede Arbeit, die „nicht gegen Gesetz oder die guten Sitten verstößt" (BÄCKER 2010, S. 343) ist zumutbar. Im Einzelnen bedeutet dies: Nach Sozialgesetzbuch zweites Buch § 10 gilt jede Arbeit als zumutbar, solange der erwerbsfähige Hilfebedürftige dazu sowohl körperlich als auch seelisch in der Lage ist und/ oder die Arbeit die Erziehung des Kindes (wenn es das dritte Lebensjahr noch nicht vollendet hat) oder die Pflege eines Verwandten nicht gefährdet. D. h. der Hilfeempfänger muss auch eine Arbeit aufnehmen, welche für ihn einen sozialen Abstieg bedeutet (BÄCKER 2010, S. 343). Damit gehen auch eine geringere Entlohnung, schlechtere Arbeitsbedingungen und weitere Entfernung der Arbeit vom Wohnort einher.

KUMPMANN behauptet, dass die Erweiterung um die fordernde Komponente innerhalb der Hartz – Reformen zeigt, dass *Sanktionen* „als ein Kernelement der Arbeitsmarktreform anzusehen" (KUMPMANN 2009, S. 236) sind. Sanktionen treten immer dann ein, wenn der Leistungsempfänger seiner, in der Eingliederungsvereinbarung festgehaltenen Pflichten, nicht nachkommt, wie beispielsweise eine zumutbare Arbeit abzulehnen oder einen Ein – Euro – Job abzubrechen (KUMPMANN 2009, S. 236). Dabei wird der Regelsatz, welcher sich monatlich auf 374 Euro für Alleinstehende beläuft, für insgesamt drei Monate um 30% gemindert. Folgen weitere Pflichtverletzungen wird der Regelsatz um 60% gekürzt bis hin zu einer hundertprozentigen Kürzung einschließlich der Unterkunftskosten (Miete und Heizung) (KUMPMANN 2009, S. 236). Von einer wiederholten Pflichtverletzung kann dann gesprochen werden, wenn der vorangegangene Minderungszeitraum weniger als ein Jahr her ist (MARBURGER 2011, S. 42).

Bei einer hundertprozentigen Kürzung kann man von einer Gefährdung des Existenzminimums sprechen. Abhilfe kann hier über Sachleistungen und Lebensmittelgutscheine geschaffen werden (BÄCKER 2010, S. 344). Bei erwerbsfähigen Leistungsberechtigten, welche das 25. Lebensjahr noch nicht erreicht haben, werden Sanktionen strenger vollzogen. Im Sozialgesetzbuch zweites Buch § 31a ist verordnet, dass die Leistungen bei Pflichtverletzungen bereits auf Leistungen für Unterkunft und Heizung beschränkt werden. Bei einer wiederholten Pflichtverletzung entfällt die Leistung vollständig. Die Minderung des Regelbedarf, sowohl bei den unter als auch bei den über 25jährigen erstreckt sich auf einen Zeitraum von drei Monaten (SGB II § 31b).

Für Meldeversäumnisse kommen gesonderte Sanktionen hinzu. Versäumt der erwerbsfähige Leistungsempfänger nach Aufforderung und Rechtsbelehrung der Bundesagentur für Arbeit (oder des Jobcenters) sich bei ihm zu melden oder geht er der Aufforderung nicht nach, sich einer ärztlichen oder psychologischen Untersuchung zu unterziehen, wird der Regelbedarf um 10 % gekürzt (SGB II § 32).

Mendina Morgenthal

Während des Minderungszeitraumes gilt sowohl für erwerbsfähige Leistungsempfänger unter, als auch über 25 Jahren, dass kein Anspruch auf Leistungen nach dem zwölftem Sozialgesetzbuch bestehen (SGB II § 31b).

In einer Studie von KUMPMANN, welche auf Daten der Bundesagentur für Arbeit zurückgreift, konnte gezeigt werden, dass mit einer höheren Anzahl von jungen Leistungsempfängern in einer Region, eine Steigerung der verhängten Sanktionen einhergeht. Dabei sind die Sanktionen bei den unter 25jährigen deutlich höher ausgefallen, als bei älteren erwerbsfähigen Leistungsempfängern (KUMPMANN 2009, S. 237). Die strengere Sanktionierung von erwerbsfähigen Leistungsempfängern unter 25 Jahren ist gesetzlich festgelegt (s. o.). Jedoch fällt auf, dass sie auch deutlich häufiger sanktioniert werden. Die Quote liegt bei 9,7 %, wohingegen bei den über 25 bis 50jährigen erwerbsfähigen Leistungsempfänger die Sanktionsquote bei 3,9 % liegt (KUMPMANN 2009, S. 238). Auch BÄCKER weist darauf hin, dass erwerbsfähige Leistungsempfänger unter 25 Jahren „die schlechtesten Bedingungen (haben) und in einem besonderem Maße mit Sanktionen bedroht" (BÄCKER 2009, S. 356) werden. Dabei erweist sich der Betreuungsschlüssel von unter 25jährigen als deutlich höher im Vergleich zu den über 25jährigen. Jedoch weist KUMPMANN auf einen signifikanten Zusammenhang zwischen dem Betreuungsschlüssel und der verhängten Anzahl von Sanktionen hin. „Je weniger Leistungsbezieher auf einen dortigen [Jobcenter] entfallen, desto mehr wird sanktioniert" (Kumpmann 2009, S. 238). KUMPMANN schließt nun aus diesen Ergebnissen, dass die Wahrscheinlichkeit sanktioniert zu werden, nicht notwendigerweise mit fehlender Arbeitsbereitschaft einhergehen muss (KUMPMANN 2009, S. 239), sondern mit einer Vielzahl von Faktoren zusammenhängt. Weiterhin behauptet er, Sanktionen würden eine Druckfunktion übernehmen und eine, wie er mit seinem Titel bereits postuliert, allgemeine Drohkulisse erschaffen. Dabei besteht die Intention von Sanktionen darin, die Bereitschaft zur Pflichterfüllung der hilfebedürftigen Leistungsempfänger zu erhöhen. Weiterhin sollen Sanktionen einem möglichen Missbrauch von Leistungen entgegenwirken. Doch auch PINKEPANK (2010, S. 105) behauptet, Sanktionen würden „als flächendeckendes Disziplinierungsinstrument ausgenutzt". So wurden beispielsweise Leistungsempfänger sanktioniert, weil sie den zehnten Computerkurs abgelehnt haben, da die bereits vorherigen neun Computerkurse ihre Vermittlungschancen offensichtlich nicht verbessert haben (PINKEPANK 2010, S. 105). Dabei beruft er sich auf eine Studie von Thomas Wagner, welcher an der Fachhochschule Düsseldorf doziert.

Schnell entsteht der Eindruck, dass es eine Asymmetrie zwischen den Zielen bzw. der Prinzipien der Grundsicherung für Arbeitssuchende gibt, nämlich zwischen dem Fördern und Fordern. Nun sollte man zunächst betrachten, welche implizite Aussage bzw. These aus der gesetzlich verordneten Existenz von Sanktionen gezogen werden kann: *Langzeitarbeitslose haben keine Arbeitsbereitschaft und müssen deshalb diszipliniert werden.* Hier haben wir es

Mendina Morgenthal

mit einem bestimmten, weniger positivem Menschenbild zu tun. Denn die Reglungen, die ich aufstelle und deren Umsetzung in der Praxis, müssen zwangsläufig mit einem Menschenbild einhergehen, welches die Ursache dafür darstellt, warum die Reglungen so sind und nicht anders. Der hilfebedürftige Leistungsempfänger muss spitz formuliert jede Arbeit annehmen (sofern sie nicht gegen SGB II § 10 verstößt), die ihm das Jobcenter anbietet, wenn er nicht sanktioniert werden möchte. Bei dem geringen Lebensunterhalt (Existenzminimum!), über welchen Leistungsempfänger der Grundsicherung für Arbeitssuchende verfügen, machen allein 30 % weniger Leistung schon viel aus. Bedenkt man, dass die Leistung sogar komplett gestrichen werden können, stellt sich doch die Frage, wie es dann noch um das Prinzip des Förderns gestellt ist. Bei einer hundertprozentigen Kürzung, d. h. keine Zahlung des Regelsatzes inklusive Ausbleiben der Zahlung für Unterkunft und Heizung für die Dauer von drei Monaten, ist die Existenzgrundlage des Leistungsempfängers in drastischer Weise gefährdet. Natürlich könnte man nun argumentieren, dass den hilfebedürftigen Leistungsempfängern Lebensmittelgutscheine zustehen, denn in Deutschland „muss ja niemand verhungern". Dennoch ist das Einkaufen mit solchen Lebensmittelgutscheinen sicherlich entwürdigend.

Die Lebensmittelgutscheine sichern jedoch nicht den Wohnsitz. Bei einer dreimonatigen Unterlassung der Mietzahlungen, kann dem hilfebedürftigen Leistungsempfänger gekündigt werden. Somit droht ihm nicht nur Obdachlosigkeit (je nachdem wie tolerant sich der Vermieter erweist), sondern eine Verschuldung obendrein. Ein Anspruch auf Sozialhilfe, welches als letztes soziales Auffangnetz dient, besteht auch nicht.

Es scheint, als würde über die Vermittlungsvorschläge vielmehr die Arbeitsbereitschaft der Hilfeempfänger geprüft werden, denn wären die hilfebedürftigen Leistungsempfänger arbeitsbereit gewesen, hätten sie bereits eine Beschäftigung und müssten erst gar nicht Leistungen nach SGB II beantragen; so der leise Vorwurf, der immer mitschwingt. Ebenso das Bild der „Hartz IV" – Empfänger, welches in den Medien immer wieder vermittelt wird. Sie seien faul und nicht leistungsbereit. Dieses Bild entspricht natürlich nicht der Realität. Sicherlich mag es Einzelfälle geben, die wirklich nicht arbeiten wollen oder sich eines Missbrauches der Leistungen nach SGB II schuldig machen. Dennoch treffen Sanktionen auch immer wieder diejenigen, die sich bemühen und arbeiten wollen (KUMPMANN 2009, S. 238 und PINKEPANK 2010, S. 103f.).

Letztlich können Sanktionen sogar dem eigentlichen Ziel der Grundsicherung für Arbeitssuchende im Wege stehen: Bei beträchtlichen Sanktionen ist der hilfebedürftige Leistungsempfänger finanziell nicht mehr in der Lage, seinen Pflichten nachzukommen. So fehlt z. B. das Geld für Bewerbungen (Bewerbungsmappe, Fotos) oder der mögliche Verlust Wohnung kann dazu führen, dass der Leistungsempfänger nicht mehr vermittelbar ist. Somit würden Sanktionen im Extremfall der Beendigung der Hilfebedürftigkeit entgegen wirken. Jedoch wird der hilfebedürftige Leistungsempfänger von vornherein über die Rechtsfolgen seiner

Mendina Morgenthal

Pflichtverletzung in Kenntnis gesetzt, d. h. wenn er eine Pflichtverletzung eingeht, tut er dies ja schon im Wissen, dass Sanktionen folgen werden. Man könnte also argumentieren, dass jeder „was für sein Geld tun müsse", Empfänger von Leistungen nach SGB II nicht ausgeschlossen. Immerhin ist die Grundsicherung für Arbeitssuchende so konzipiert, dass die Hilfebedürftigkeit der Leistungsempfänger schnellstmöglich beendet wird und er seinen Lebensunterhalt wieder alleine bestreiten kann. Dennoch ist die Sanktion eine Form von indirekter Bestrafung: Dem Leistungsempfänger wird etwas Angenehmes entzogen (Geldleistung). Dadurch soll sich sein negatives, nicht zu akzeptierendes Verhalten (Pflichtverletzung) hin zu einem gewünschtem Verhalten (Nachkommen der Pflichten) verändert werden. Es handelt sich hier also ganz eindeutig um eine Disziplinierungsmaßnahme und gleichzeitig um einen Präventivschlag gegen potentielle arbeitsunwillige Leistungsempfänger.

Wie lässt sich aber erklären, dass unter 25jährige strenger sanktioniert werden? Hier steht wieder eine implizite These im Raum, ein Vorurteil gegenüber jüngeren, jugendlichen Arbeitslosen. Es lassen sich zumindest keine plausiblen Gründe finden, welche eine solche Disparität in der Sanktionierung von unter und über 25jährigen rechtfertigen. Immerhin müssen unter 25jährige die gleichen Voraussetzungen erfüllen, wie über 25jährige, um Anspruch auf Grundsicherung für Arbeitslose zu erhalten sowie ihnen die gleichen Pflichten auferlegt sind. Eine gesetzlich festgelegte Unterscheidung bei der Bestrafung von Pflichtverletzungen beider Gruppen scheint in Anbetracht gleicher Voraussetzungen und Pflichten ungerechtfertigt.

Am Beispiel der Sanktion unter SGB II kann eine Diskrepanz zwischen Recht und Moral wunderbar skizziert werden. Denn rein rechtlich gesehen muss die Frage, ob den Leistungsempfängern bei Pflichtverletzung das Existenzminimum gekürzt werden darf, positiv beantwortet werden. Moralisch gesehen stellt sich jedoch die Frage, ob eine Grundsicherung, welche das Existenzminimum sichern soll, überhaupt gekürzt werden darf? Also: Ist es moralisch vertretbar, das Existenzminimum noch zu kürzen? Hier ist es ganz deutlich nicht der Fall. Allein die etymologische Betrachtung des Begriffes „Existenzminimum" zeigt, dass eine Kürzung desselbigen ad absurdum geführt werden muss.

Zusammenfassend betrachtet, ist es nicht verwunderlich, warum das Thema „Sanktionen bei SGB II" so umstritten ist. Auf der einen Seite muss das System vor Missbrauch geschützt werden und dafür Sorge getragen werden, dass die Leistung wirklich denen zukommt, die sie benötigen. Auf der anderen Seite dienen Sanktionen offenbar auch als Disziplinierungsinstrument und werden nach dem Motto „Wer nicht hören will, muss fühlen" angewandt und treffen auch zu Hauf die „Falschen". Eine Unterschreitung des Existenzminimums kann nicht im Sinne eines Sozialstaates sein, von welchem bereits bei einer 10%igen Kürzung des Regelbedarfs zu sprechen ist.

Mendina Morgenthal

Es stellt sich die Frage, ob es nicht andere arbeitsmarktpolitsche Maßnahmen gibt, die einer Sanktion als Alternative vorzuziehen wären. Würde man eine umfassende Evaluation darüber durchführen, warum hilfebedürftige Leistungsempfänger es überhaupt soweit kommen lassen, dass sie sanktioniert werden (wie in Ansätzen schon bei Wagner vorhanden, zit. Pinkepank 2010, S. 105f.), könnte man Maßnahmen und Strategien entwickeln, um realitätsnäher mit den Klienten zu arbeiten (beispielsweise sind zehn Computerkurse hintereinander ohne sichtliche Verbesserung der Vermittlungschancen nicht realistisch!).

Literatur

BÄCKER, G. (2010) Sozialpolitik und soziale Lage in Deutschland. Bd. 1: Grundlagen, Arbeit, Einkommen und Finanzierung. VS Verlag für Sozialwissenschaften, Wiesbaden.

KUMPMANN, I. (2009). Im Fokus: Sanktionen gegen Hartz – IV – Empfänger: Zielgenaue Disziplinierung oder allgemeine Drohkulisse? In: Wirtschaft im Wandel. Vol. 15/6. S. 236 – 239.

MARBURGER, H. (2011). SGB II – Grundsicherung für Arbeitssuchende. *Praxisorientierte Einführung in das zweite Sozialgesetzbuch mit Gesetzestext und Durchführungsverordnungen.* Walhalla und Praetoria Verlag. Wiesbaden.

PINKEPANK, H. (2010). Undercover Hartz – 4. *Insider berichten.* Tredition GmbH. Deutschland.

Mendina Morgenthal